FSC
www.fsc.org
MIXTO
Papel procedente de
fuentes responsables
Paper from
responsible sources
FSC® C105338

AF398841

Mi agradecimiento a las personas que me han apoyado a escribir mi tercer libro, a los que creyeron que no lo conseguiría, me sirvieron de acicate, a mis amigos, a mi familia, ...

Jorge Valls

Mi Parki siempre viene conmigo

Mis vivencias con el Parkinson

© Jorge Valls 2020

jrgvalls@gmail.com

Edición e impresión por BoD – Books on Demand
info@bod.com.es – www.bod.com.es
Impreso en Alemania – Printed in Germany

ISBN: 9788413268651

Tabla de contenido

ACEPTAR NO SIGNIFICA RESIGNARSE. SIGNIFICA COMPRENDER QUE LAS COSAS SON COMO SON Y QUE SIEMPRE EXISTE UNA MANERA DE AFRONTARLAS.

MICHAEL J. FOX

Introducción

Hace 7 años que me diagnosticaron Parkinson.

Me dí cuenta que podría existir información para el personal sanitario pero no encontré suficiente para mi gusto, como paciente.

Poco a poco me fui encontrando con otros compañeros que no entendían nada, que no sabía que les estaba pasando y eso no les ayudaba para mantener alta la moral. La ignorancia no es una buena aliada en los momentos especiales.

En este libro incluyo información médica para que sepamos identificar otras facetas del parkinson o nuestros cuidadores.

Por mi espíritu empático empecé a asumir funciones de divulgador sobre el Parkinson, SIEMPRE desde el punto de vista de los pacientes.

Este es el origen de este libro. Si tuviera que resumir este libro en una frase, esta sería "No te rindas".

No debemos rendirnos, debemos vivir con la cabeza muy alta, haciendo una vida lo mas normal posible porque somos personas normales que hacemos las cosas normales de forma mas lenta.

Debemos conservarnos en el mejor estado físico y psiquico posible.

Todos los parquinsonianos nos hemos llegado a preguntar: "¿Llegaré a tiempo para recibir tratamiento para eliminar mi Parkinson?"

No me hago falsas ilusiones. Hoy por hoy no se ve el final del túnel.

Pero a esa pregunta que planteaba antes, yo os añadiría la siguiente: "Llegará ese momento, seguro, la medicina es una de las ciencias que mas adelantan. ¿Y vais a llegar a ese momento tan deteriorados que les obligues a decidir que no merece la pena gastar recursos en tí?.

Ni tú te lo mereces, ni las personas que te acompañan en el camino de la vida. Te han aguantado mucho y se lo debes. Cuidate.

Estas reflexiones son solo la opción de un Parkinsoniano, que no se ha dejado vencer y que nunca dejará de esforzarse mientras pueda.

Parkinson

Qué es

La enfermedad de Parkinson consiste en un desorden crónico y degenerativo de una de las partes del cerebro que controla el sistema motor y se manifiesta con una pérdida progresiva de la capacidad de coordinar los movimientos, entre otros síntomas. Se produce cuando las células nerviosas de la sustancia negra del mesencéfalo, área cerebral que controla el movimiento, mueren o sufren algún deterioro.

Presenta varias características particulares: temblor de reposo, lentitud en la iniciación de movimientos y rigidez muscular.

La enfermedad de Parkinson es una patología crónica y neurodegenerativa que afecta en España a unas 120.000-150.000 personas. Es la segunda enfermedad neurodegenerativa más frecuente después del Alzheimer.

Causas

De momento se desconoce el origen de la enfermedad, exceptuando los casos inducidos por traumatismos, drogodependencias y medicamentos, y algunas formas hereditarias en ciertos grupos familiares. Existen numerosas teorías que intentan explicar el deterioro neurológico que produce esta patología. Se cree que algunos pesticidas y toxinas, junto a cierta predisposición genética, podrían ser los desencadenantes de la enfermedad. También se estudia la posibilidad de que el origen se encuentre en los radicales libres, moléculas que desencadenan un proceso de oxidación que daña los tejidos y las neuronas. El genético es otro de los factores barajados como causantes de esta patología. Existen algunas formas de Parkinson hereditarias en algunos grupos de familias, por lo que la investigación genética puede ayudar a comprender el desarrollo y funcionamiento de la enfermedad. La causa hereditaria de Parkinson se estima entre un 10 y 15 por ciento de los diagnósticos y, en los casos de inicio temprano, alcanza un 50 por ciento, según la Fundación Española de Enfermedades Neurológicas (FEEN).

En la enfermedad de Parkinson se produce una degeneración en las células de los ganglios basales que ocasiona una pérdida o una interferencia en la acción de la dopamina y menos conexiones con otras células nerviosas y músculos. La causa de la degeneración de células nerviosas y de la pérdida de dopamina habitualmente no se conoce. El factor genético no parece desempeñar un papel importante, aunque la enfermedad a veces tienda a afectar a familias.

Síntomas

Los primeros síntomas de la enfermedad de Parkinson son leves y se van haciendo cada vez más notorios con el paso del tiempo. El cuadro inicial típico registra dolores en las articulaciones, dificultades para realizar movimientos y agotamiento. La caligrafía también empieza a cambiar y se torna pequeña e irregular. En el 80 por ciento de los pacientes los síntomas comienzan en un solo lado del cuerpo y luego se generalizan. Asimismo, el carácter varía en los primeros estadios, por lo que es habitual la irritabilidad o la depresión sin causa aparente. Todos estos síntomas pueden perdurar mucho tiempo antes de que se manifiesten los signos clásicos que confirman el desarrollo de la enfermedad.

Los síntomas típicos son los siguientes:

Temblor: Consiste en un movimiento rítmico hacia atrás y hacia adelante. Generalmente comienza en la mano aunque en ocasiones afecta primero a un pie o a la mandíbula. Se agudiza en reposo o bajo situaciones tensas y tiende a desaparecer durante el sueño. Puede afectar sólo a un lado o a una parte del cuerpo.

Rigidez: Se manifiesta como una resistencia o falta de flexibilidad muscular. Todos los músculos tienen un músculo opuesto, y el movimiento es posible porque, al activarse un músculo, el opuesto se relaja. Cuando se rompe este equilibrio los músculos se tensan y contraen causando inflexibilidad y debilidad.

Bradicinesia: Se trata de la pérdida de movimiento espontáneo y automático y conlleva la lentitud en todas las acciones. Esta lentitud es impredecible y es el síntoma más incapacitante, porque el paciente no puede realizar con rapidez movimientos habituales que antes eran casi mecánicos.

Inestabilidad: La inestabilidad de la postura hace que los enfermos se inclinen hacia adelante o hacia atrás y se caigan con facilidad. La cabeza y los hombros caen hacia delante y la forma de andar empeora. El enfermo da pasos cortos y rápidos para mantener el equilibrio; o se queda literalmente "plantado" a mitad de camino, sin poder moverse. Existen una serie de síntomas secundarios que, aunque no afectan a todos los enfermos, provocan trastornos importantes ya que empeoran los síntomas principales y agravan las condiciones físicas y psicológicas del paciente.

Depresión: Es un problema común a todas las enfermedades crónicas, y en elParkinson puede detectarse incluso antes de que comiencen los síntomas principales. Empeora con los fármacos utilizados para combatir esta patología, aunque los antidepresivos consiguen frenar con bastante éxito tanto las depresiones como los cambios emocionales. La FEEN estima que un 40 por ciento de los pacientes con Parkinson tiene depresión.

Dificultades para tragar y masticar: El mal funcionamiento de los músculos dificulta esta tarea cotidiana, favoreciendo la acumulación de saliva y alimentos en la cavidad bucal. Como consecuencia, son habituales los atragantamientos y el babeo. - Dicción: Al menos el 50 por ciento de los enfermos tiene problemas de dicción: hablan en voz baja, dudan antes de hablar, repiten palabras o hablan demasiado rápido.

Problemas urinarios: Las deficiencias del sistema nervioso que regula la actividad muscular provocan que algunos enfermos sufran incontinencia o tengan dificultades para orinar

Estreñimiento: La lentitud progresiva de los músculos intestinales y abdominales es la principal causa del estreñimiento, aunque también influyen la dieta o la escasa actividad física. Suele presentarse en el 50 por ciento de los pacientes según la Sociedad Española de Neurología (SEN).

Trastornos del sueño: La somnolencia y las pesadillas son características en esta enfermedad y generalmente están asociadas a los fármacos. Se pueden producir trastornos de conducta durante la fase REM del sueño.

Pérdida de expresividad: el rostro pierde expresividad y aparece la denominada "cara de pez o máscara", por falta de expresión de los músculos de la cara. Además, tienen dificultad para mantener la boca cerrada.

Acinesia: Consiste en una inmovilidad total que aparece de improviso y puede durar desde algunos minutos a na hora.

Aumento o pérdida de peso: El peso del enfermo puede variar, ya sea perdiéndolo (por la propia enfermedad, fluctuaciones motoras, medicamentos, disminución de calorías, deterioro cognitivo, depresión, hiposmia, disfunción gastrointestinal) o en algunas ocasiones aumentándolo (por efectos de la cirugía del Parkinson o el tratamiento con agonistas dopaminérgicos). La pérdida de peso puede ser peligrosa, ya que puede influir negativamente en la enfermedad.

Hiposmia: Consiste en la mala distinción de los olores o la reducción de la capacidad para percibirlos. La hiposmia aparece en un 80 por cientos de los pacientes con Parkinson según la SEN.

Motivación

Mi forma de actuar`

Esto es tan solo mi opinión y manera de vivir el Parkinson.

Soy un parkinsionano desde hace 5 años, nivel III/IV según cuando me evaluen.

Se que no se entenderán algunas de las afirmaciones de este artículo, y en algunos casos incluso seré criticado.

El esforzarse y no aceptar ayuda, además de no querer ser una carga, es por no sentir que somos inútiles.

¡¡REBELATE!!

No dejes que te tomen por un completo inútil.

Debemos hacer el 110% de lo que podemos hacer, aunque lo hagamos más lento, aunque se nos caigan las cosas, ...

Yo he estado tres meses sufriendo un bloqueo casi total. No podía ni levantarme de la cama, ni vestirme.

Desde el primer minuto intenté recuperarme forzando a realizar mi propia higiene, empecé a andar cada día unos metros más, ...

Acabé andando un mínimo de 5 km diarios.... y he llegado a los 12 km día

Ahora estoy viviendo solo en la sierra de Madrid, en Cercedilla.

El cambio de estilo de vida ha sido radical.

Vivo en plena naturaleza. Al levantarme veo por la ventana un bosque de kilómetros de longitud, me levanto temprano, bajo al pueblo, hago la compra, subo a mi casa, hago las labores domésticas y cocino lo que me apetece.

Cada día me encuentro mejor, tanto física como mentalmente. Soy capaz de hacer una vida normal y eso es un estímulo.

Me considero un afortunado.

Esta enfermedad nos vuelve dependientes de ayuda, pero cada cosa que uno logra hacer con tanto esfuerzo significa una satisfacción y un obstáculo superado.

No es egoísmo, o ser grosero, mucho menos mal agradecido, pero a los cuidadores les pido comprendan que no es fácil pasar de persona independiente y productiva a alguien que necesita ayuda hasta para lo más básico.

Cuidadores tengan paciencia con los afectados de Parkinson, a veces tan solo que nos escuchen es suficiente ayuda...

Por último si dejáramos que nos hicieran todo lo que necesitamos, por más amor y buena voluntad que tuvieran ese ritmo de vida, sería imposible de llevar.

No te acobardes frente al Parkinson

Acabo de cumplir 60 años. Hace cinco empecé a detectar los síntomas del Parkinson: notaba mucha lentitud y rigidez en algunos gestos cotidianos como abrocharme una camisa y doblar una servilleta. Mi letra al escribir se iba haciendo cada vez más pequeña en el folio e ininteligible.

Sabía perfectamente que esos síntomas pronosticaban Parkinson.

Sin embargo, pese a vivir día tras día, cara a cara con la enfermedad, puedo llevar una vida casi normal, dentro de unas limitaciones, pero normal. Lo importante es no agachar la cabeza, plantarle cara, salir adelante y adaptarse a la situación.

Depende de la fase de la enfermedad en la que te encuentres, puedes, dentro de unas limitaciones, llevar una vida de calidad: aunque las cosas las haga de forma más lenta, las hago. Me cuesta más, pero no dejo de hacerlas. No puedes acobardarte, tienes que salir a la calle, seguir activo,

Ese es uno de los aspectos cruciales, el peor enemigo del Parkinson es la cama y la casa.

Una persona que se queda en casa corre el riesgo de aislarse y desarrollar otras patologías. Esta es una enfermedad que lo que hay que hacer es abrirse. Hay que conocer y adaptarse a la enfermedad, saber convivir con ella, y tener en cuenta que el tratamiento no consiste sólo en tomar pastillas, sino que hay que mantener una vida activa, hacer fisioterapia, hacer logopedia, hay que salir a la calle, hay que estar con la gente, aunque a veces tengamos la sospecha de que nos miran "raro".

Tenemos que apoyarnos en la familia, los amigos y compañeros de trabajo. Para mí ha sido, y es muy importante, el apoyo de mi mujer y de mis hijos. Es importante que les comuniquemos cuanto antes nuestra situación. Así recibiremos su apoyo y evitaremos miradas y comentarios sobre "¿y a este que le pasa?"

Sí, sí se puede

No es fácil pero sí se puede, "hacer de tripas corazón" es decir sacar fuerzas de flaqueza para afrontar la enfermedad que se ha instalado en nosotros.

Hasta la fecha no he sabido que las cosas extraordinarias sean fáciles de lograr, y quienes padecen la llamada EP me entenderán; hay días malos y otros peores, una vez que tienes la EP ya nada es placentero al 10 embargo la vida sigue y debe seguir, y si, si se puede vivir contra viento y marea, lamentarse solo empeora la vida.

Hoy , me desperté no al 100%, aproximadamente al 70%, pero con la firme voluntad de hacer un esfuerzo extraordinario para disfrutar mi nuevo hoy, éste mi hoy es mi nuevo ahora , y no se admiten devoluciones en el mercado de la vida, la vida te otorga tu hoy tal y como lo recibes, de ti depende de qué color lo pintes, pues los hoy, llegan incoloros e insensibles , claro que no es fácil pintar un hoy, pero cuando ya has adquirido algo de práctica en pintar tu hoy, de cada día, te acostumbras a vencer los obstáculos que implican colorear tu hoy, si de algo te pudiere ser útil puedo sugerir como pintar tu hoy,:

- da pasadas largas con la brocha

- lo pequeños recovecos déjalos para el final

- empieza siempre de abajo hacia arriba

- los hoy, no se pintan como las paredes

- en lo hoy se trata de subir de cero% al 100%

- independientemente de tu preferencia por tonalidades grises, emplea tonalidades polícromas.

Ya que los hoy pintados con colores varios y matizados ya sean en tonos pastel o en arrebatos primaverales por extravagantes que se vean, dan mejor resultado que los colores taciturnos nunca dejes sin pintar un hoy, tu hoy, ya que, si no lo pintas tú, nadie más lo pintará por ti, y un hoy sin pintar es de mal agüero, y cuando se van acumulando los hoy sin pintar se vuelven después una deprimente pesadilla

Pinta tu hoy, como si en ello te fuera la vida, porque los hoy que vas acumulando ya sea pintados o no, son como los tabiques o ladrillos con los que edificas los cimientos, muros y techo de tu casa, y una morada sombría parecerá más un ayer o un anteayer que un recién hoy y los hoy que ya pasaron y no fueron pintados con tonalidades alegres, se convierten en fantasmas, tus fantasmas y jamás te dejarán en paz y armonía, hermano de infortunio, tu elige, ya que eres dueño de tu hoy,

Sentimientos

Aunque no se trata de una situación fácil, la de padecer Parkinson, os recomiendo mantener una actitud activa y positiva ante la enfermedad.

Ni el paciente ni el familiar deben enfrentarse al Parkinson, sino que deben adaptarse a él.

Sigan realizando sus Actividades de la Vida Diaria e involucren al paciente.

Los pacientes pueden aprovechar los momentos buenos (ON) para realizar aquellas actividades que pueden resultar algo más complicadas. Su autoestima mejorará

Yo he pasado épocas buenas y otras mejores.

A mediados de mayo estaba totalmente bloqueado, no me podía levantar de la cama, o de una silla, sin ayuda. Ahora estoy andando mas de 5km todos los días.

En los momentos en los que los síntomas son más notables (OFF) es mejor no estresarse para no exacerbarlos todavía más.

Miedos y dudas

Somos conscientes de que sus principales miedos y dudas se deben a la evolución de la enfermedad y a la posibilidad o no de curación.

No todos los enfermos de Parkinson evolucionamos igual, no tomen la enfermedad de otros pacientes como ejemplo ya que su caso podría ser totalmente distinto.

Actualmente NO hay tratamientos que curen la enfermedad de Parkinson regenerando las neuronas afectadas. Sin embargo, hay buenos tratamientos que reducen los síntomas y frenan su progresión.

Es cierto que en fases iniciales la respuesta al tratamiento es mejor y que en fases más avanzadas pueden aparecer efectos secundarios a la medicación, como pueden ser las disquinesias o movimientos anormales, el estreñimiento y las alteraciones psiquiátricas.

Uno de mis maravillosos médicos me dijo que la nueva medicación es como un noviazgo. Al principio va como una película y con el tiempo va decayendo.

¿Quién seré?

Cada día soy distinto
a ese hombre que fui ayer
me despierto con la suma
de la experiencia que fue.

Alegrías y tristezas
se fueron sumando en mi
carga que ayer no tenia
y hoy siento su peso aquí!

Para bien o para mal
en nuestra bolsa llevamos
los odios y los amores
que en el camino juntamos.

Por eso somos distintos
cada nuevo amanecer
y vemos con otros ojos
nuestro diario padecer

Un día la esperanza
ilumina nuestra vida
Y el prodigioso optimismo

mantiene el ánimo arriba.

Pero a veces una sombra
se apodera del momento
y todo lo vemos gris
nada nos pone contentos.

Cada día soy distinto
para bien o para mal
soy la suma de mil cosas
que mi alma guardará
¿Me pregunto quién seré?
Cuando me llegue el final...

Cartas de pacientes

Hola Jorge, te felicito antes que nada por tu actitud ante la vida y la enfermedad.

A pesar de ser el Parkinson una enfermedad neurodegenerativa y no poseer tratamiento curativo sino paliativo hay un viejo dicho médico que reza que el primer paso a la curación es la aceptación de la enfermedad y aceptar no quiere decir resignarse, sino que sabes y entiendes que la tienes y la padeces, pero que tienes armas para defenderte y plantar freno por lo menos a su avance o evolución.

Todos los recursos que puedas utilizar te ayudarán siempre y cuando sean los adecuados y avalados científicamente y no aquellos que prometan oasis o curas milagrosas.

Es importante saber y conocer tu enfermedad ya que cuando la conoces también aprendes cómo batallar contra ella.

¿Y porque ocultar? Tienes razón cuando dices que es mejor decirlo, todos los seres humanos son susceptibles de enfermedad, variaran los síntomas y unos serán diferentes, más leves o más severos dependiendo de la patología, pero inexorablemente todos moriremos cuando llegue el momento, a nosotros nos toca vivir el Parkinson a otros Alzheimer, SIDA, leucemia, etc ... nadie lo tiene seguro, así que sólo toca agradecer estar vivo y disfrutar cada segundo vivido. Suerte y bienvenido.

Otra carta

Jorge buenas tardes te felicito por tener esa actitud, hay dos cosas que no podemos ocultar la enfermedad y la pobreza, por está razón es muy importante sepan nuestra familia, nuestros amigos, vecinos y las demás personas que están en derredor nuestro, de esa manera nos brindaran, su apoyo.

Yo tengo 15 años con parkinson y no dejó que me venza, hago todo lo que puedo para mantener me ocupado, trabajo de vigilante dos días a la semana, estudio tapicería, estoy ejarrando mi casa, lavo carros les hago limpieza profunda, lo pulo y los encerio y lo que se ocupe en casa.

Por eso Ánimo compañeros y adelante.

Carta de un paciente

Hola a todos,

Estoy redactando un documento en relación con la enfermedad y medicación y me está dando un poco de "guerra" dado que es un terreno que ni domino ni pretendo hacerlo.

Mientras tanto, he ido consultando distintas webs y en la web de Parkinson´s UK he visto un video que me ha gustado y que creo que vale la pena compartir.

Se trata de las primeras reacciones de una mujer joven que acaba de recibir la comunicación del diagnóstico de la enfermedad. En ese momento expresa sentimientos reactivos y más bien negativos, yo diría que muy comunes entre los que hemos pasado por ello.

Comenta que hay días que el cuerpo no hace lo que su mente quiere, que su cuerpo ya nunca hará lo mismo, que pensará de forma distinta, etc. Podríamos decir que en ese momento lo percibe con una visión más bien negativa.

Dos años después, la misma persona enferma (y algo más enferma por el paso del tiempo), comenta sus sentimientos y su percepción de lo que ahora ve en ese video, de lo que comentó ella misma dos años atrás, recién diagnosticada. Dice que sus comentarios reflejan incertidumbre, falta de información, sentimientos de enfado, falta de aceptación del diagnóstico que le han comunicado, etc.

En cambio, ahora ya no está asustada y, en gran parte, es debido a que la información que ahora tiene sobre la enfermedad, medicación, ayudas y soporte en general, es mucho más amplia que la que tenía en el momento del diagnóstico

Y hacia el final, lanza un mensaje que opino que justifica la redacción y publicación de este post. Dice lo siguiente:

"I'm not as worried now because if you stay think about it long enogh, all the things you can't do can soon get you down. So it's just better to concentrate on the stuff you can still do"

Y cuya traducción sería más o menos como sigue:

"Ahora ya no estoy tan preocupada, porque si pienso en ello durante mucho tiempo, en todas las cosas que no puedo hacer, pronto me desanimaré y mis ánimos caerán. Por tanto, es mejor concentrarse sólo en las cosas que todavía puedo hacer."

Efectivamente, pienso que tiene toda la razón, por obvio que parezca el mensaje final.

Os recomiendo un clic en la rueda de configuración y poner los subtítulos en inglés. A continuación, el link directo a la fuente, YouTube:

https://youtu.be/b10k9giHp_Y

Bien, se trataba de compartirlo, por obvio y simple que pueda parecer. Un post de estado de ánimo, un post "esporádico" que lo público porque, casi siempre, pienso que puede ayudar.

El insomnio

Aunque me acuesto temprano

muy temprano me despierto

Son las tres de la mañana

y mis ojos bien abiertos.

De todo he probado

 yo para poderme dormir.

Al principio hacían efecto

pero hoy se burlan de mí.

Ya no lucho…

me levanto.

como si empezara el día.

¿Cómo antes dormía tanto?

Parki ha cambiado mi vida!!

Me preparo para andar

como zombi todo el día

Hoy es domingo

y no puedo disfrutar como querría.

¡Cuántas cosas me quitaste!

desde la paz hasta el sueño.

Pero no tuviste en cuenta que aún sigo siendo el dueño

de las ganas de luchar

Muy tempranito

Morfeo de sus brazos me soltó

por eso aprovecho yo este tiempo regalado y escribir emocionado este verso para vos.

Un poema de Walt Whitman

No dejes que termine el día sin haber crecido un poco, sin haber sido feliz, sin haber aumentado tus sueños.

No te dejes vencer por el desaliento.

No permitas que nadie te quite el derecho a expresarte, que es casi un deber.

No abandones las ansias de hacer de tu vida algo extraordinario.

No dejes de creer que las palabras y las poesías, sí pueden cambiar el mundo.

Pase lo que pase nuestra esencia está intacta.

Somos seres llenos de pasión.

La vida es desierto y oasis.

Nos derriba, nos lastima, nos enseña, nos convierte en protagonistas de nuestra propia historia.

Aunque el viento sople en contra, la poderosa obra continúa:
Tú puedes aportar una estrofa.

No dejes nunca de soñar, porque en sueños es libre el hombre. No caigas en el peor de los errores: el silencio.

La mayoría vive en un silencio espantoso.

No te resignes. Huye.

Valora la belleza de las cosas simples.

Se puede hacer bella poesía sobre pequeñas cosas,
pero no podemos remar en contra de nosotros mismos.

Eso transforma la vida en un infierno.

Disfruta del pánico que te provoca tener la vida por delante.

Vívela intensamente, sin mediocridad.

Canciones

La música ha tenido, y tiene, un gran significado en mi vida.

Las canciones deben tener es una letra, una historia.

En este capítulo veremos una colección de canciones que me han significado una aportación de adrenalina en mis momentos bajos, que los he tenido.

Voy a vivir

Esta canción me animó en varios momentos de mi vida, incluyendo
una pérdida de un riñón, un trasplante de hígado, Parkinson, ...

Hace referencia a un "mantra" 'Quiero vivir' que me lo puse hasta de
tono de llamada de mi teléfono.

https://youtu.be/6ytTgl9Chyk

Soy sólo una pieza de esta sociedad,
cumplo con normas que el instinto me hace cuestionar,
y luego miro a los demás y empiezo a ver la luz brillar.
Quiero cambiar, es hora ya de despertar.

Quiero vivir, quiero sentir.
Saborear cada segundo,
compartirlo y ser feliz.
Hay tantas cosas que aprender,
tanto nuevo por llegar.
La vida siempre suma y sigue,
lo que tienes es lo que das.
Créeme, voy a vivir, cada segundo,
mientras pueda estar aquí.
Ya comprendí que mi destino, es elegir,
no tengo miedo, he decidido ser feliz.

Voy a vivir,
mientras me quede un poco de aire,
no voy a abandonar.
Tengo tanto que ganar,
tengo ganas de crecer...

Voy a vivir, voy a vivir...

Asumí que renunciar, no es más que escoger,
equivocarme es una buena forma de aprender.

Que si sigo al corazón no tengo nada que perder,
y a cada paso, surge otra oportunidad.
Y ahora ya ves, no soy quien fui,
aquella triste y temerosa persona de ayer,
he renacido para todo, tengo ganas de vivir,
ahora guardo mi energía para aquel que crea en mí.

No perderé ni un día más en lamentarme,
o en sentarme a descansar,
y cada paso, me permitirá avanzar,
hacia el futuro, con confianza y libertad...

Voy a vivir...

Créeme, voy a vivir.
Saborear cada segundo,
compartirlo y ser feliz.
Hay tantas cosas que aprender,
tanto nuevo por llegar,
lo que recibes, es lo que das.

Gracias a la vida

Todos tenemos infinidad de pequeñas cosas por las que dar gracias a la vida, tal como expresa esta canción

https://youtu.be/mJbLERIydX8

Gracias a la vida que me ha dado tanto
Me dio dos luceros que cuando los abro
Perfecto distingo lo negro del blanco
Y en el alto cielo su fondo estrellado
Y en las multitudes el hombre que yo amo

Gracias a la vida que me ha dado tanto
Me ha dado el oído que en todo su ancho
Cada noche y días
Grillos y canarios, martillos, turbinas
Ladridos, chubascos
Y la voz tan tierna de mi bien amado

Gracias a la vida que me ha dado tanto
Me ha dado el sonido y el abecedario
Con el las palabras que pienso y declaro
Madre, amigo, hermano y luz alumbrando
La ruta del alma del que estoy amando

Gracias a la vida que me ha dado tanto
Me ha dado la marcha de mis pies cansados
Con ellos anduve ciudades y charcos
Playas y desiertos, montañas y llanos
Y la casa tuya, tu calle y tu patio

Gracias a la vida que me ha dado tanto
Me dio el corazón que agita su marco
Cuando miro el fruto del cerebro humano
Cuando miro el bueno tan lejos del malo
Cuando miro el fondo de tus ojos claros

Gracias a la vida que me ha dado tanto
Me ha dado la risa y me ha dado el llanto
Así yo distingo dicha de quebranto
Los dos materiales que forman mi canto
Y el canto de ustedes que es el mismo canto
Y el canto de todos que es mi propio canto

Somewhere Over The Rainbow

En una lista de canciones optimistas, Somewhere over the rainbow es
la primera

https://youtu.be/Brty4X8PfTg

Somewhere over the rainbow,
way up high,
in a dream that you dream of,
once in a lullaby,
oh somewhere over the rainbow,
bluebirds fly,
and the dreams that you dream of
dreams really do come true,

Someday I'll wish upon a star,
wake up where the clouds are far behind me,
where troubles melt like lemon drops,
high above the chimney tops,
that's where you'll find me,
Oh somewhere over the rainbow,
bluebirds fly,
and the dreams that you dare to,
oh why, oh why, can't I

Well I see trees of green and,
red roses too, I watch them bloom,
for me and you,
and I think to myself,
what a wonderful world
well I see skies of blue and,
clouds of white,
the brightness of day,

I like the night,
and I think to myself,
what a wonderful world
The colors of the rainbow,

so pretty in the sky,
are also on the faces,
of people passing by,
I see friends shaking hands,
saying how do you do,
they're really saying,

I, I love you
I hear babies cry,
and I watch them grow,
they'll learn much more,
than we all know,
and I think to myself,
what a wonderful world
Someday I'll wish upon a star,
wake up where the clouds are far behind me,
where trouble melts like lemon drops,
high above the chimney tops,
that's where you'll find me,
Oh somewhere over the rainbow,
way up high,
and the dreams that you dream do,
why, oh why can't

Hero

Dentro de cada uno tenemos una fortaleza que generalmentte desconocemos, sólo tenemos que buscar como sacarla a la luz. Es mi homenaje a todos los parkinsonianos y sobre todo a los cuidadores, esos héroes que sin comerlo ni beberlo les ha caido una pesada tarea y que deben sacar fuerzas de flaqueza para seguir adelante.

https://youtu.be/gCiRrsmy_Po

There's a hero

If you look inside your heart

You don't have to be afraid

Of what you are

There's an answer

If you reach into your soul

And the sorrow that you know

Will melt away

[Chorus]

And then a hero comes along

With the strength to carry on

And you cast your fears aside

And you know you can survive

So when you feel like hope is gone

Look inside you and be strong

And you'll finally see the truth

That a hero lies in you

It's a long, road
When you face the world alone
No one reaches out a hand
For you to hold
You can find love
If you search within yourself
And the emptiness you felt
Will disappear

[Chorus]

Lord knows
Dreams are hard to follow
But do not let anyone
Tear them away
Hold on
There will be tomorrow
In time you will find the way

And then a hero comes along
With the strength to carry on
And you cast your fears aside
And you know you can survive
So when you feel like hope is gone
Look inside you and be strong
And you'll finally see the truth
That a hero lies in you

That a hero lies in you
That a hero lies in you

Resistiré

Es la canción ideal para sobrellevar los momentos bajos y levantar la cabeza.

https://youtu.be/K1rKj6XMt4Q

Cuando pierda todas las partidas
Cuando duerma con la soledad
Cuando se me cierren las salidas
Y la noche no me deje en paz

Cuando sienta miedo del silencio
Cuando cueste mantenerse en pie
Cuando se rebelen los recuerdos
Y me pongan contra la pared

Resistiré
Erguido frente a todo
Me volveré de hierro para endurecer la piel
Y aunque los vientos de la vida soplen fuerte
Soy como el junco que se dobla
Pero siempre sigue en pie

Resistiré
Para seguir viviendo
Soportaré los golpes y jamás me rendiré
Y aunque los sueños se me rompan en pedazos
Resistiré, resistiré

Cuando el mundo pierda toda magia
Cuando mi enemigo sea yo
Cuando me apuñale la nostalgia
Y no reconozca ni mi voz

Cuando me amenace la locura
Cuando en mi moneda salga cruz
Cuando el diablo pase la factura
O si alguna vez me faltas tú

Resistiré
Erguido frente a todo
Me volveré de hierro para endurecer la piel
Y aunque los vientos de la vida soplen fuerte
Soy como el junco que se dobla
Pero siempre sigue en pie

Resistiré
Para seguir viviendo
Soportaré los golpes y jamás me rendiré
Y aunque los sueños se me rompan en pedazos
Resistiré, resistiré

Don't Give Up

Esta canción cuenta la historia de un hombre triunfador al que enseñaron ha luchar, a triunfar, pero no a caer y levantarse. El cree que nadie quiere a los perdedores pero una mujer le recuerda que tiene amigos en quien confiar.

https://youtu.be/VjEq-r2agqc

In this proud land we grew up strong
We were wanted all along
I was taught to fight
Taught to win
I never thought I could fail

No fight left or so it seems
I am a man whose dreams have all deserted
I have changed my face
I have changed my name
But no one wants you when you lose

Don't give up
'Cause you have friends
Don't give up
You're not beaten yet
Don't give up
I know you can make it good

Though I saw it all around
Never thought that I could be affected
Thought that we would be the last to go
It is so strange the way things turn

Drove the night toward my home
The place that I was born, on the lakeside
As daylight broke, I saw the earth
The trees had burned down to the ground

Don't give up
You still have us
Don't give up
We don't need much of anything
Don't give up
'Cause somewhere there's a place where we belong

Rest your head
You worry too much
It is going to be alright
When times get rough
You can fall back on us
Don't give up
Please do not give up

Got to walk out of here
I cannot take anymore
Going to stand on that bridge
Keep my eyes down below
Whatever may come
And whatever may go
That river's flowing
That river's flowing

Moved on to another town
Tried hard to settle down
For every job, so many men
So many men no-one needs

Don't give up
'Cause you have friends

Don't give up
You're not the only one
Don't give up
No reason to be ashamed
Don't give up
You still have us
Don't give up now
We're proud of who you are
Don't give up
You know it's never been easy
Don't give up
'Cause I believe there's a place
There's a place where we belong

Hoy puede ser un gran día

<https://youtu.be/cXJplH9FrGE>

Hoy puede ser un gran día
Plantéatelo así
Aprovecharlo o que pase de largo
Depende en parte de ti
Dale el día libre a la experiencia
Para comenzar
Y recíbelo como si fuera
Fiesta de guardar
No consientas que se esfume
Asómate y consume
La vida a granel
Hoy puede ser un gran día
Duro con él
Hoy puede ser un gran día
Donde todo está por descubrir
Si lo empleas como el último
Que te toca vivir
Saca de paseo a tus instintos
Y ventílalos al sol
Y no dosifiques los placeres
Si puedes, derróchalos
Si la rutina te aplasta
Dile que ya basta
De mediocridad

Hoy puede ser un gran día
Date una oportunidad
Hoy puede ser un gran día
Imposible de recuperar
Un ejemplar único
No lo dejes escapar
Que todo cuanto te rodea
Lo han puesto para ti
No lo mires desde la ventana
Y siéntate al festín
Pelea por lo que quieres
Y no desesperes
Si algo no anda bien
Hoy puede ser un gran día
Y mañana también
Hoy puede ser un gran día
Duro, duro,
Duro con él

Síntomas no motores

Temblor, lentitud de movimientos y rigidez

Uno de los mitos que sostiene el Parkinson es que es una enfermedad de mayores, pero nada más lejos de la realidad. En el mundo, unos cinco millones de personas la padecen y en concreto en España unas 150.000.

Sin embargo, se estima que unas 30.000 personas podían estar sin diagnosticar. Normalmente empieza a partir de los 65 años, pero hay un 15-20% de casos que empieza incluso antes de los 40 años, con los mismos síntomas.

Por otro lado, el Parkinson no es una enfermedad mortal, es crónica pero no mortal y tampoco, como a priori se puede pensar, te incapacita para llevar a cabo tu vida normal (depende, eso sí, de la fase en que se encuentre la enfermedad), porque "no hay una enfermedad de Parkinson. Hay tantas enfermedades de Párkinson como pacientes existen".

Y, por último, uno de los mitos más extendidos es que el principal síntoma del Parkinson es el temblor, sin embargo, dentro de la enfermedad no siempre hay temblor. "Hay aproximadamente un 30% de personas que nunca van a tener temblor".

Realmente, el síntoma más frecuente e importante es la lentitud y la rigidez en el movimiento. Tienen dificultad para hacer movimientos finos, o actividades que requieren destreza, por ejemplo, cepillarse los dientes, abrocharse botones, batir un huevo, darse la vuelta en la cama etc.

De este modo una persona que empiece con temblor, o con dificultades para moverse, tiene que consultar inmediatamente con el neurólogo porque puede ser un Parkinson. Hay tratamientos que se instauran desde el primer momento y algunos de ellos hacen que la enfermedad evolucione de forma más lenta, y otros que le van a mejorar los síntomas y van a tener una calidad de vida muy buena, durante muchos años.

¿Cómo se expresa?

Suele iniciarse con lentitud en las actividades diarias y luego temblor. La triada típica es:

Temblor en reposo, en manos, mueven el dedo pulgar y el índice como si contaran dinero, cede al hacer movimientos voluntarios (beber un vaso de agua) o al dormir. Inicialmente puede ser de solo un lado.

La rigidez supone hipertonía muscular: músculos rígidos, falta expresión facial (cara de jugador de póker), no bracean al caminar, no pueden girarse bruscamente y les falta de parpadeo.

La bradicinesia supone lentitud de movimientos, especialmente para para iniciar o acabarlos. Al progresar: caminan despacio, parece que deban esforzarse mucho, para levantarse de una silla o la cama, y les cuestan los movimientos finos: escribir o abrocharse un botón.

Otras manifestaciones son: que escriben muy pequeño (micrografía), hay inestabilidad postural, tendencia a caerse, caminan echados hacia adelante, hay exceso de salivación (sialorrea), hablan bajito (hipofonía), tienen dificultades para concentrarse, pensamientos enlentecidos, dificultad para planificar o realizar tareas complejas y no es que oigan mal, pero tardan en responder.

Y síntomas psíquicos: depresión en 85% de ellos, (a veces empeora por el tratamiento parkinsoniano), apatía, alteraciones del sueño, cansancio, agotamiento físico o mental, disminución del olfato. Les cuesta aceptar sus limitaciones y se enojan. Hay caída de la tensión al incorporarse, estreñimiento, sudoración excesiva y urgencia miccional.

tiga en la enfermedad de Parkinson.

La fatiga en la enfermedad de Parkinson tiene múltiples causas: por depresión, por acinesia, por alteraciones del sueño. Igual diversidad tienen las formas de enfrentarla.

La fatiga es una experiencia común entre los enfermos de Parkinson, sin embargo, la ciencia no ha dicho aún la última palabra con relación a este síntoma. Lo que sí sabemos es que las causas pueden ser tanto físicas como mentales, y que ciertos elementos de la enfermedad están asociados a ella. Entre estos podemos mencionar la lentitud de movimientos, la rigidez muscular o la medicación. Veamos entonces con más detenimiento estás causas de fatiga y algunos consejos que puedes poner en práctica.

Fatiga causada por acinesia.

La acinesia o dificultad para iniciar movimientos, a menudo, se siente cómo fatiga. Una persona con este síntoma debe moverse lentamente y le resultará difícil terminar una tarea en una cantidad regular de tiempo, convirtiendo la cotidianidad en fuente de gran esfuerzo.

Para lidiar con la fatiga, puedes realizar un seguimiento de los momentos del día en que tienes menos acinesia o de aquellos medicamentos tras los cuales mejora. Luego podrías tratar de hacer la mayor cantidad de tareas cotidianas en estos periodos de mejoría.

Fatiga muscular.

Ciertos síntomas de Parkinson como rigidez muscular, calambre, temblores o sacudidas obligan a los músculos a esforzarse. Así, pueden fatigarse con

facilidad. Por otro lado, los músculos que no se mueven

lo suficiente no están bien acondicionados y pueden llegar a atrofiarse, lo cual también potenciará la aparición de fatiga.

El mejor tratamiento para mantener los músculos bien acondicionado es un programa regular de ejercicios, especialmente si están dirigidos por un fisioterapeuta.

Fluctuaciones de movilidad.

Muchas personas con enfermedad de Parkinson tienen fluctuaciones de movilidad durante todo el día. Por ejemplo, pueden tener menos síntomas en las mañanas cuando la mayoría de las personas se sienten bien descansadas, además de ser consecuencia de la medicación

Debe tenerse cuidado de planificar durante el día descansos distribuidos de una manera razonable y no sobrecargar ningún periodo.

Fatiga causada por la depresión.

La depresión es común en personas con enfermedad de Parkinson. Se presenta aproximadamente en el 40 % de los pacientes. La fatiga es un síntoma típico de la depresión y con frecuencia se reporta como una falta de motivación o una pérdida de energía.

Para la depresión suelen usarse los antidepresivos. Cuando tienen éxito, las personas comienzan a sentirse menos cansados y a estar más dispuestas a participar plenamente en las actividades del día.

Fatiga debida a perturbaciones del sueño.

La enfermedad de Parkinson se asocia a menudo con trastornos del sueño. La interrupción del sueño contribuye a la somnolencia durante el día y a la presencia de un fuerte deseo de dormir la siesta.

Una pequeña siesta después de la comida es saludable y refrescante, pero las siestas frecuentes durante el día solo harán que dormir en las noches sea mucho más complicado. Los problemas de sueño deberán ser atendidos por su médico.

Otras recomendaciones importantes para enfrentar la fatiga en la enfermedad de Parkinson.

La fatiga es un problema frecuente entre los enfermos de Parkinson, pero es importante descartar otras causas como, por ejemplo, anemia.

Si está experimentando fatiga, hágase las siguientes preguntas, escríbalas en un cuaderno y dele la información resultante a su médico durante su próxima cita:

¿Cuándo me siento fatigado?

¿Cuánto duran, cada día, mi sensación de fatiga?

¿Mi fatiga fluctúa con mis síntomas?

¿Mi fatiga fluctúa con el momento en que tomo mis medicamentos?

En una escala de 1 a 10, ¿cuán fatigado estoy en las mañanas, alrededor del mediodía y por la tarde?

También será de gran ayuda participar en programas de ejercicios aeróbicos, tener buenos hábitos de sueño, mantenerse activo mentalmente, así como comer mucha fibra y beber muchos líquidos.

El insomnio, un síntoma no motor infravalorado en la enfermedad de Parkinson

Un estudio de reciente publicación evalúa la aparición y desarrollo de los diferentes tipos de problemas del sueño en la enfermedad de Parkinson. Éste es uno de los pocos estudios que examinan el insomnio en personas con Parkinson que todavía no han iniciado tratamiento específico para esta enfermedad y realiza un seguimiento durante 5 años.

El insomnio es la alteración del sueño más común que se experimenta en la enfermedad de Parkinson, siendo éste un síntoma no motor que puede causar una reducción sustancial en la calidad de vida de los pacientes. Sin embargo, los trastornos del sueño no han recibido suficiente atención clínica con respecto a los enfoques de tratamiento.

Las dificultades del inicio, duración y calidad del sueño son los componentes cardinales del insomnio y pueden ser generados por una multitud de factores. Para llegar a comprender los mecanismos o causas del insomnio

En la enfermedad de Parkinson, lo mejor es examinar a los pacientes con diagnóstico reciente o Parkinson temprano porque a medida que avanza la enfermedad pueden influir otros factores que pueden llevar a confusión.

Este estudio contó con la participación de 182 pacientes con Parkinson que todavía no habían iniciado tratamiento específico para esta enfermedad y 202 personas sanas, como grupo control. A todos se les valoró el insomnio o calidad del sueño antes del inicio del tratamiento y se evaluaron después de 1, 3 y 5 años que duró el seguimiento de esta investigación.

Se sabe que existe una falta de regulación del sueño- vigilia con la progresión de la enfermedad de Parkinson, por lo tanto, se esperaba un aumento de la aparición de problemas de insomnio con el tiempo. Sin embargo, durante los primeros 5 años, la frecuencia de insomnio aumentó de forma minoritaria o relativamente.

Los resultados muestran que el insomnio en general no es más común en personas con Parkinson en el momento del diagnóstico, en comparación con los controles sanos y durante los siguientes 5 años. Sin embargo, a lo largo del tiempo aumentan los problemas para mantener el sueño, y estos problemas se asociaron con el uso de agonistas dopaminérgicos y los síntomas depresivos, mientras que el número total de pacientes con insomnio se mantuvo estable.

Estos resultados reflejan la necesidad de realizar una evaluación temprana de los diferentes trastornos del sueño, ya en las primeras entrevistas con el paciente, y de esta forma poder plantear posibles intervenciones para reducir estos síntomas en personas con Parkinson recién diagnosticado.

Si tienes Parkinson y experimentas alteraciones del sueño, es importante que sepas que podrían ser parte de la enfermedad y que existen formas y medios para poder combatirlas. Si te aseguras un buen descanso, te sentirás mejor. El médico puede ajustar la dosis de la medicación o distribuir las tomas a lo largo del día, de forma que no interfieran con el sueño. ¡Coméntalo con tu médico!

Insomnio:Cuando las noches son muy largas

El tratamiento del insomnio en la enfermedad de Parkinson implica terapias farmacológicas y no farmacológicas. Y paciencia, mucha paciencia.

Recientemente escribimos un artículo sobre los trastornos del sueño más frecuentes en la enfermedad de Parkinson, alteraciones que son muy comunes y constituyen una queja habitual entre las personas que padecen la enfermedad.

En esa ocasión adelantamos que progresivamente íbamos a ir tratando cada uno de los trastornos de forma individual, haciendo énfasis en las opciones de tratamiento.

Hoy iniciamos ese proceso y nos centraremos en el insomnio en la enfermedad de Parkinson, tal vez el trastorno del sueño más frecuente, que llega a afectar a más del 70% de los enfermos

El insomnio es una alteración del sueño que consiste en una sensación subjetiva de que no podemos dormir cuando queremos o cuanto queremos. La persona con insomnio puede tener problemas para conciliar el sueño, desperté muy temprano o despertarse varias veces en la noche.

Es precisamente esta última alteración la más frecuente en los enfermos de párkinson, quienes se quejan a menudo de despertarse entre dos y cinco veces en la noche

Las consecuencias del insomnio son ampliamente conocidas: cansancio, alteraciones de la memoria y el aprendizaje, somnolencia diurna, ansiedad y falta de concentración.

Causas del insomnio en la enfermedad de Parkinson

Por qué una persona con párkinson padece insomnio puede estar respondiendo a causas que también se encuentran en la población general, como la edad. Las alteraciones del sueño tienen una prevalencia significativa en la población mayor de 65 años, existiendo de forma natural alteraciones en la arquitectura del sueño.

Algunos cambios pueden ser interpretados como trastornos del sueño cuando en realidad son procesos naturales. La medida siempre es valorar hasta qué punto las horas y la calidad de nuestro sueño son suficientes para sentirnos descansados.

Entre los factores vinculados a la propia enfermedad que pueden estar influyendo en el insomnio podemos mencionar:

Los cambios patológicos a nivel cerebral: la patología del párkinson comienza en sitios específicos del cerebro, pero sigue avanzando hasta afectar varias áreas cerebrales. Ese daño al cerebro también alcanza a estructuras implicadas en el proceso de sueño.

Los medicamentos usados para controlar los síntomas motores: los mecanismos exactos de por qué los fármacos pueden afectar el sueño aún no son del todo conocidos. De hecho, los efectos pueden ser paradójicos, causando somnolencia diurna e insomnio nocturno. Se sabe que la selegilina y la amantadina pueden tener efectos estimulantes, algo para tener en cuenta al tratar el insomnio.

Síntomas motores: la sintomatología parkinsoniana normalmente disminuye durante las horas de sueño, pero puede no cesar por completo e interferir con el sueño. A medida que la enfermedad avanza los síntomas motores son más notables y hay una tendencia a que aumente la incidencia de insomnio.

Depresión: la depresión es muy común en las personas con párkinson y también es una causa frecuente de insomnio. Descartar o confirmar la presencia de depresión puede ser el primer paso hacia un tratamiento exitoso.

Tratamiento del insomnio en la enfermedad de Parkinson

Siempre que acuda a un especialista para tratar el insomnio va a escuchar un término: higiene del sueño. Se refiere al análisis y modificación, de ser necesario, de todos los factores externos y de conducta que pueden interferir con el sueño.

Se trata de que cuando llegue la hora de ir a la cama, nosotros y lo que nos rodea, contribuya a que nuestro cerebro "interprete" que es la hora de dormir. Hay medidas básicas de higiene del sueño, seguramente conoces algunas, por ejemplo:

Ir a la cama solo para dormir o cuando vaya a tener actividad sexual (o ambas, separadas temporalmente).

Tomar la cama como espacio de trabajo o para mirar la tele o el ordenador puede afectar su condicionamiento a dormir.

Mantener horarios regulares: tanto para acostarnos como para levantarnos.

Rituales: tal vez algunos menosprecien la importancia de esta medida ¡error! Mantener rituales cotidianos antes de acostarnos ayuda a condicionar nuestro cerebro para el sueño, es como si le dijéramos "prepárate, que ya es hora". Un ritual puede ser ponernos el pijama, tomar una ducha caliente o una tasa de leche (por cierto, también ayuda a dormir por algunos compuestos químicos que tiene).

Deporte: excelente si se realiza durante el día, pero no es recomendable desde tres horas antes de ir a acostarnos. Vamos, que el subidón del runner no ayuda mucho al trabajo de Morfeo.

Alimentación: otra arma de doble filo, dependiendo de cómo la usemos puede ser nuestra aliada o nuestra enemiga. Por regla general se deben evitar los estimulantes como el café o el té. Irnos a la cama muy llenos o con hambre también puede interferir de forma negativa en el sueño.

Condiciones ambientales de la habitación: niveles de ruido y luz adecuados, también la temperatura de la habitación es un factor importante para controlar.

Siestas: no más de treinta minutos, algunos dicen que, hasta 15 minutos, y preferiblemente en el sillón que en la cama.

Recuerda que el objetivo de manipular todos estos factores es que cuando llegue la hora de dormir; te pongas el pijama, te cepilles los dientes y entres a la cama todo a tu alrededor le esté diciendo a tu organismo que la única opción es dormir.

Abordaje farmacológico del insomnio en la enfermedad de Parkinson

Si los ajustes ambientales y de comportamiento no logran vencer el insomnio, existen opciones farmacológicas y, como es habitual cuando hablamos de fármacos, con sus pros y sus contras.

En primer lugar, en el caso del párkinson el manejo farmacológico puede implicar variaciones en la medicación que está usando la persona para controlar los síntomas motores.

Si la sintomatología parkinsoniana persiste mucho durante la noche puede deberse al llamado periodo OFF, así que toca hablar con el médico para lograr niveles del fármaco más estables durante la noche.

Si se sospecha que el insomnio puede estar respondiendo a una depresión, el profesional puede orientar tomar por un tiempo limitado antidepresivos, algo bastante común en el abordaje del insomnio en el párkinson.

El uso de otros fármacos directamente orientados a tratar el insomnio estará sujeto a las propias características de las alteraciones del sueño, así que asegúrese de explicar detalladamente sus síntomas al profesional que le atiende.

Detalles como cuántas veces se despierta en la noche o si le cuesta más conciliar el sueño, pueden marcar la diferencia en el tratamiento. No se han hecho muchos ensayos clínicos con fármacos para el insomnio en la enfermedad de Parkinson.

Algunos han encontrado beneficios del uso de la eszopiclonal, el zolpidem e incluso de la melatonina, aunque para esta última las mejorías, al menos a nivel estadístico, son muy modestas.

Por último, hay que mencionar que las personas que han recibido estimulación cerebral profunda suelen experimentar mejorías de las alteraciones del sueño.

¿Por qué les cambia el comportamiento a las personas con párkinson?

Los síntomas no motores son muy importantes en la enfermedad de Parkinson ya que, en ocasiones, merman en gran medida la calidad de vida de quienes la padecen. Según un estudio reciente realizado a 1.000 pacientes, el 97 por ciento reconocía tener algún síntoma no motor, que se fijaba en una media de 8 por paciente, siendo los más frecuentes los de naturaleza psiquiátrica.

Algunos de estos síntomas no motores están relacionados con la falta de dopamina y es importante reconocerlos porque:

Pueden causar más incapacidad que los síntomas motores.

Con el ajuste del tratamiento, se pueden mejorar en un gran número de casos.

En ocasiones, requieren tratamientos diferentes.

Algunos pueden deberse a efectos secundarios del tratamiento.

Los más destacados son:

- Alteración del olfato y/o del gusto.

- Alteración autonómica: estreñimiento, mayor frecuencia urinaria (principalmente por las noches), mareos al cambiar de postura, sudoración excesiva.

- Alteración del ánimo: tristeza, desánimo, ansiedad, miedo, pérdida de interés.

- Trastornos del sueño: ataques de sueño, sueños vívidos, pesadillas, dificultad para dormir.

- Fatiga.

- Dolor y síntomas sensitivos (sensación de "acorchamiento").

- Alteración en la piel: seborrea.

- Alteración cognitiva: memoria, dificultad en concentración.

- Alucinaciones, psicosis.

- Alteraciones de conducta y emociones.

En estos últimos, producidos por una alteración en los circuitos fronto-estriatales debido a la falta de dopamina, nos centraremos.

Síntomas comunes de depresión en las personas con párkinson.

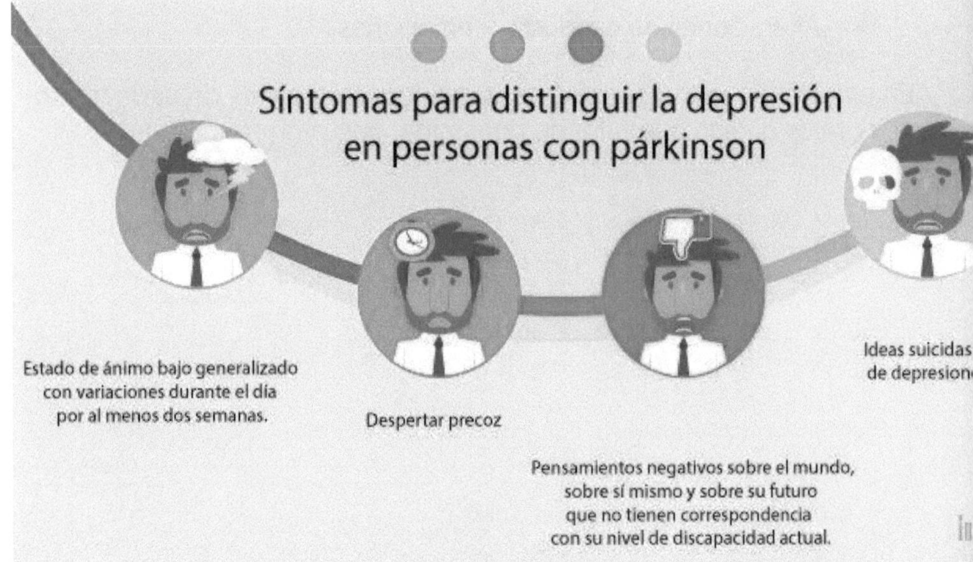

Existen muchos síntomas comunes a todas las personas con depresión, aunque estos varían en intensidad. En algunos individuos la sintomatología es leve, permitiéndoles continuar con cierta normalidad su vida cotidiana, mientras que en otros la depresión es tan severa que constituye una verdadera limitación para desarrollar normalmente su vida, e incluso la pone en riesgo.

En las personas con párkinson los síntomas depresivos pueden ser confundidos con la sintomatología normal de la enfermedad, por ejemplo, la pobre expresión facial, la lentitud de movimientos, las alteraciones del sueño y la pérdida de apetito y peso son síntomas comunes a ambas condiciones. Un diagnóstico diferencial es necesario.

Entre los síntomas que pueden ayudar a diferenciar si estamos en presencia de una depresión en una persona con párkinson están:

Estado de ánimo bajo generalizado con variaciones durante el día por al menos dos semanas.

- Despertar precoz

- Pensamientos negativos sobre el mundo, sobre sí mismo y sobre su futuro que no tienen correspondencia con su nivel de discapacidad actual.

- Ideas suicidas en el caso de depresiones severas

- Otros síntomas que pueden indicar depresión:

- Sentimientos de culpa, inutilidad o impotencia

- Disminución del interés o satisfacción al realizar actividades que antes disfrutaba.

- Problemas de atención y concentración

- Cambios en los patrones de sueño (insomnio o dormir demasiado)

- Cambios en el apetito

- Poca energía

- Inquietud

- Ansiedad

Se considera que en las personas con párkinson la ansiedad, el pesimismo y la inquietud pueden ser más acentuados durante una depresión que en la población en general (National Parkinson Foundation, 2012).

Tratamiento de la depresión en la enfermedad de Parkinson.

El tratamiento de la depresión no debe limitarse al campo farmacológico, sino que igual de importante es la psicoterapia, la práctica deportiva o la activación de las redes de apoyo del enfermo.

Desde el punto de vista farmacológico los llamados inhibidores selectivos de la recaptación de serotonina (ISRS) se han convertido en los fármacos de elección.

Si la persona no reacciona bien al tratamiento con un ISRS, se puede intentar con otro tipo de fármaco hasta encontrar aquel que mejor funcione.

En los casos de depresión severa se ha encontrado que la terapia electroconvulsiva, no obstante, el rechazo que genera puede resultar efectiva, e incluso, mejorar de forma transitoria la sintomatología parkinsoniana.

La depresión es una condición tan compleja que muchas veces lleva probar con varios fármacos y terapias hasta encontrar la combinación ganadora. En cualquier caso, se aconseja que el abordaje terapéutico sea holístico e implique a las redes de apoyo del enfermo.

Demencia, alucinaciones y psicosis

Las alucinaciones se caracterizan por:

Ser, generalmente, visuales. El afectado puede empezar teniendo una sensación de "presencia" y se pueden ir haciendo más complejas y elaboradas. Son menos frecuentes las auditivas, olfatorias y táctiles.

Se identifican por la sensación de que hay alguien más, ver cuadros torcidos, se pueden unir a tener pesadillas vívidas, mostrarse confundido al despertarse, tener dificultades para saber lo que es sueño y es realidad tras una siesta o intentar tocar algo que ve, pero que la imagen desaparece porque no existe.

Pueden ser causadas por el tratamiento para la enfermedad de Parkinson.

La forma de tratar este problema es reduciendo el consumo de determinados fármacos.

Algunos conceptos básicos de la psicosis:

Es definida como una pérdida de contacto o distorsión de la realidad.

Se refleja cuando la persona que lo sufre desconfía de personas en las que siempre ha confiado, siente que es el centro de todas las conductas ("todos hablan de mí") y aumentan sus ideas sobre celos, ruina o daño sin datos objetivos.

Las "ilusiones" paranoides más comunes son la infidelidad, el robo, intrusos en la casa...

Pueden producirse delirios o alucinaciones (juicios falsos sobre la realidad o percepción de la realidad basada en las alucinaciones).

Está generalmente relacionada con demencia, tratamiento del párkinson o ambas.

Se trata ajustando el tratamiento de la enfermedad:

Pautas para enfrentarse a las alucinaciones y delirios:

Es aconsejable no rebatir constantemente al paciente.

Si está asustado por el delirio, hay que tratar de aportarle tranquilidad.

No negar de forma directa y radical un delirio o una alucinación. Podría bastar: "No niego que tú lo veas, pero yo, desde luego, no lo veo".

Intentar comprobar cuál es el grado de credibilidad que el enfermo le da al delirio o a la alucinación: "Yo sé qué tú ves algo, pero ¿crees que es real?, ¿lo puedes tocar?".

Poner en duda parte del delirio o la alucinación con razonamientos objetivos: "Si puede ser lo que tú dices, pero ¿no crees que si hubieran entrado en casa 7 personas yo habría oído algo?", "tu mujer no se separa de ti así que, ¿no crees que es difícil que tenga un amante?" …

Como norma general, comunicarlo siempre al neurólogo.

Alteración de la conducta:

Trastornos de control de impulsos. Algunas de sus características más destacadas son:

Imposibilidad de resistir un impulso, atracción o tentación para realizar un acto que acaba siendo dañino para el sujeto o para el entorno.

Incapacidad para controlar el deseo o impulso y otros comportamientos patológicos (mentir, robar…).

No todas las personas afectadas por este problema son conscientes de ello.

Pueden sentir satisfacción, indiferencia e incluso ansiedad cuando realizan la acción.

Se distinguen diferentes niveles de severidad.

Son patológicos según sus consecuencias o interferencia con la vida social, económica o laboral.

Se trata de un comportamiento relacionado con la gratificación inmediata.

Parece más frecuente en hombres, solteros, con inicio de la enfermedad más joven.

¿Cómo se trata?:

- Retirando agonistas dopaminérgicos.

- Reduciendo al mínimo necesario la levodopa.

- Con neurolépticos.

Aunque existen pautas generales, hay que individualizarlo en cada paciente, por lo que es necesario el control externo riguroso de medicación, dinero...

Ese trastorno se concreta en:

- Juego patológico (ludopatía)

- Hipersexualidad

- Compras compulsivas-regalos

- Comer de forma descontrolada.

Es importante estar atentos a ciertos síntomas "premonitorios":

"Subidón" del estado de ánimo del tipo "soy capaz de cualquier cosa", "puedo ganar a la máquina tragaperras" ...

Me siento a la mesa a comer antes de que estén todos, termino el primero y me levanto.

Solicito relaciones sexuales a mi pareja con más asiduidad que antes; mi pareja está cansada y me enfado.

Empiezo a hacer muchas cosas y no las acabo.

No me importa dormir poco porque aprovecho ese tiempo para hacer muchas cosas.

Me creo que voy a hacer más actividades de las que realmente puedo hacer. No tengo límites.

Estoy en el ordenador y, aunque me llamen para comer, no voy. No sé parar.

Ordeno y cambio las cosas de sitio casi constantemente.

Los pequeños electrodomésticos de mi casa los tengo todos despiezados.

Cuando tengo algo en la cabeza, lo suelto, aunque interrumpa mucho a los demás.

En general, mi paciencia ha disminuido y me genera ansiedad e irritabilidad esperar.

Uso compulsivo de medicación: abuso de medicación que ocasiona discinesias, trastornos de conducta, hipomanía y psicosis.

"Punding" o "hobbismo": fascinación por excesivos y repetidos comportamientos sin objetivo y que no son productivos. Pueden ser simples (manipular o clasificar objetos) o "hobbismo" complejo (acumular objetos, jardinería, limpieza, ordenar o cambiar cosas de sitio, caminar sin rumbo, uso del ordenador...). Interfieren con función social u ocupacional. La interrupción de estos comportamientos produce irritabilidad y enfado en el afectado de párkinson.

Para poder manejar estos problemas de conducta, se aconseja seguir estas pautas:

Hay que reconocer que existe y que me está pasando a mí.

Diferenciar entre deseo y ansiedad.

Aprender a esperar, demorar la recompensa.

Hacer las tareas despacio (por ejemplo: comer).

Auto instrucciones positivas de logro: "soy capaz de esperar un poco".

Reforzar conductas alternativas. Cuanto más reforcemos los días buenos es más probable que se repitan.

Realizar actividades distractoras.

Controlar los estímulos poniendo pautas respecto al dinero, comidas, compras, juego... Por ejemplo, en el caso del juego: evitar ir a los lugares donde se juega, eludir hablar del tema sacando otra conversación, festejar alegrías sin jugar, comentar a tus allegados tu compromiso por no jugar, pensar en las consecuencias negativas que trae el juego y las positivas de no hacerlo, buscar actividades agradables alternativas, salir a la calle con poco dinero (o ninguno) y sin tarjetas, etc.

Conclusiones:

Informar al neurólogo de cualquier cambio en el comportamiento del afectado.

Es necesario el control externo riguroso de medicación, dinero, etc.

Es positivo reconocer que hay dificultades para manejar la conducta.

Confiar en la familia, pareja, amigos y seres queridos.

Estar atentos a los indicadores y cambios en la conducta.

Estos problemas pueden ser un síntoma más de la enfermedad.

Aunque hay pautas generales, hay que individualizarlo en cada paciente.

Demencia asociada a la enfermedad de Parkinson.

Síntomas, causas y tratamientos.

La enfermedad de Parkinson es fundamentalmente conocida por ser un trastorno de los movimientos corporales y el equilibrio, sin embargo, otras consecuencias no motoras, como la demencia, contribuyen en gran medida al deterioro físico y mental de las personas que padecen la enfermedad.

La demencia asociada al Parkinson (PDD, así la llamaré en lo adelante), según recientes estudios afecta en la actualidad entre el 24 y el 31% del total de los enfermos, aunque este es un dato que varía considerablemente de investigación en investigación.

Presenta características propias que la diferencian de la demencia asociada al Alzheimer (AD) y de la demencia con cuerpos de Lewy. Aprender a diferenciarlas es vital para saber cómo proceder con el tratamiento y establecer un pronóstico efectivo sobre la enfermedad.

Veamos, para evitar confusiones, qué es la demencia asociada a la enfermedad de Parkinson (PDD), qué se discute en el campo de la ciencia, y qué plantean las investigaciones más actuales sobre su tratamiento.

La demencia asociada al Parkinson (PDD) es un deterioro en el pensamiento y las funciones de razonamiento de personas que han sido diagnosticadas con la enfermedad de Parkinson.

Alrededor de los cinco años del diagnóstico de la enfermedad, las personas comienzan a manifestar los primeros síntomas de deterioro de funciones cognitivas como la atención o la orientación espacial, aunque algunos enfermos comienzan a tener estos síntomas incluso poco después del año de diagnosticados.

En la PDD, al contrario de la demencia por alzhéimer, predomina el deterioro de la atención (les cuesta mucho concentrarse), de las habilidades para procesa la información visual—dificultades para orientarse en el espacio, calcular las distancias, caminar sin tropezar— y de las funciones ejecutivas, lo que puede manifestarse en dificultades para regular el comportamiento y para establecer, por ejemplo, un plan para el día y seguirlo

En el párkinson, la memoria y el lenguaje están menos afectadas que las funciones que mencionamos antes y se considera, además, que en las personas en las que predomina la rigidez y lentitud de movimientos, el deterioro de las funciones cognitivas como la atención es menor que en aquellos en los que predomina el temblor

Otros síntomas comunes de la PDD incluyen:

- Síntomas neuropsiquiátricos, que son muy comunes. La persona con párkinson cuando comienza el deterioro puede tener alucinaciones visuales, esto es, ver cosas que no existen en realidad.

- Trastornos del sueño.

- Ideas paranoides, de daño y de persecución.

- Depresión en forma de tristeza, melancolía, llanto.

- Ansiedad e irritabilidad.

- Deterioro de la memoria, aunque no es el síntoma predominante.

Pueden presentar problemas con el discurso, al hablar podemos percibir cierto desorden en lo que dicen y lo que se quiere expresar.

Qué causa la demencia asociada a la enfermedad de Parkinson y cuáles factores incrementan el riesgo.

Las causas de la demencia asociada a la enfermedad de Parkinson, como muchas veces sucede en las enfermedades neurodegenerativas, no están del todo claras. Se considera que a nivel cerebral los llamados cuerpos de Lewy, unas estructuras redondas que se acumulan en el cerebro de los enfermos de párkinson y también en los afectados por la demencia con cuerpos de Lewy, son los responsables fundamentales de que mueran neuronas implicadas en otros procesos no motores.

La presencia de estos cuerpos de Lewy, además de tener síntomas muy comunes, es lo que ha llevado a algunos especialistas a considerar la demencia asociada a la enfermedad de Parkinson y la demencia con cuerpos de Lewy como una misma entidad, sin embargo, el consenso actual es que deben diagnosticarse por separado.

La diferencia fundamental entre una y otra está en el tiempo en el que aparecen los síntomas de demencia. En el caso de la PDD, estos pueden aparecer a partir de un año o más del diagnóstico.

Para diagnosticar demencia con cuerpos de Lewy las alteraciones motoras y del pensamiento deben surgir casi a la par o al menos estas últimas, las alteraciones cognitivas, aparecer dentro del primer año en que surgen las alteraciones en los movimientos.

Como factores de riesgo de PDD también se reconocen elementos comunes a todas las demencias, como la edad: a mayor edad, mayor riesgo de desarrollar demencia. También influye el nivel de deterioro en los movimientos y el equilibrio. Como tal vez supongas, mientras más graves sean los síntomas de base de la enfermedad de Parkinson, mayor probabilidad existe de que una persona padezca PDD.

Otros factores de riesgo también pueden ser:

- Las alucinaciones visuales en una persona que nunca tuvo antes síntomas de demencia.

- Somnolencia diurna excesiva.

- Predominio de síntomas como el congelamiento de la marcha, problemas de equilibrio y caídas frecuentes.

Tratamientos para la demencia asociada a la enfermedad de Parkinson.

Al igual que para otras muchas demencias, la asociada a la enfermedad de Parkinson no tiene cura. No existe un fármaco que revierta o pare el progreso de la demencia. Los tratamientos actuales son sintomáticos.

Así, para los síntomas cognitivos como la desorientación o los problemas para procesar la información visual se utilizan los llamados inhibidores de la colinesterasa, como el Aricept. Que son los mismos fármacos que se emplean en el tratamiento de la enfermedad de Alzheimer.

En el caso de síntomas como las alucinaciones, hay que tener un cuidado extremo al usar medicamentos antipsicóticos en enfermos de párkinson porque las consecuencias pueden ir desde un empeoramiento de los síntomas parkinsonianos, hasta cambios en el estado de conciencia.

Con relación a la medicación se presenta un conflicto añadido: el fármaco tradicional para controlar los problemas motores, la levodopa, puede empeorar las alucinaciones y la confusión en los enfermos con demencia. El médico debe ser especialmente cuidadoso ajustando la medicación en estos casos.

Por último, hay que recordar que no solo con los fármacos se trata la enfermedad de Parkinson y la demencia que pueden desarrollar los enfermos.

Tratamientos no farmacológicos que surgen desde disciplinas como la terapia ocupacional, la neuropsicología y la fisioterapia pueden aportar mucho a la calidad de vida del enfermo a la par que ayudan a controlar los síntomas

Otros

Barreras arquitectónicas y adecuación de la casa

A medida que el Parkinson evoluciona el grado de incapacidad del paciente y la necesidad de un cuidado más exhaustivo podría hacerse más patente. En estos casos, nos tendríamos que plantear si en casa tenemos barreras arquitectónicas que impidan la movilidad de la persona afectada y su posibilidad de desarrollar una vida adecuada. Las barreras arquitectónicas pueden condicionar su vida social, laboral y su libertad de movimiento dentro de la propia vivienda.

Consideramos barreras arquitectónicas, por ejemplo, no tener ascensor para acceder a casa, obstáculos en el suelo con los que se pueda tropezar, como objetos o alfombras, puertas o pasillos muy estrechos, suelos deslizantes, bañera en lugar de ducha, un baño con un difícil acceso, transportes públicos no accesibles o muy alejados de su zona de residencia, etc. Si antes no se lo habían planteado y creen tener un problema a este nivel, consulten a los profesionales antes de irse de alta. También hay profesionales en los ayuntamientos o en los servicios de Bienestar Social y de la Seguridad Social que se encargan de valorar si es posible dar una subvención para las reformas en el hogar, o para la compra de aparatos ortoprotésicos.

La movilidad limitada de vuestro ser querido puede requerir de adaptadores o de ayudas para suplir el déficit y mejorar su autonomía. De este modo, el paciente no se convierte en un receptor de cuidados pasivo. Existen centros donde se encargan de valorar la posibilidad de subvencionar camas articuladas, andadores, muletas, bastones, sillas, accesorios para facilitar las Actividades de la Vida Diaria y el cuidado, etc.

El cuidado

No siempre tiene que ser dado porque una persona no sea autónoma. El cuidado también se dispensa cuando acompañas a alguien a quien quieres y le proporcionas ayuda, mayor o menor, en cualquier actividad física, intelectual, social, emocional o espiritual. En la etapa inicial de la enfermedad de Parkinson los pacientes necesitan apoyo emocional y comprensión de la familia. Esto también forma parte del cuidar. El cuidado ideal de los afectados por Parkinson suele ser el ofrecido por la propia familia.

Es común que los familiares sean los que se encarguen del cuidado, son las personas que mejor conocen al paciente y las que más interés personal van a poner en su recuperación. Sabemos que es algo difícil para ustedes, también que hay sentimientos encontrados de rabia, miedo e impotencia y a la vez tristeza, pero es importante que salgan adelante y que saquen fuerzas para continuar con este cuidado. Si su familiar ingresa unos días en el hospital aproveche ese periodo para descansar, aunque esto no quiere decir que deban descuidar al paciente. Somos conscientes de que quienes mejor saben cuidar del paciente son sus familiares, especialmente porque el Parkinson suele ser una enfermedad de larga evolución. Sin embargo, los animamos a que sigan aprendiendo de los profesionales y nos pregunten sus dudas durante la hospitalización. Siempre pueden surgir situaciones nuevas a lo largo de los años para las que necesiten el consejo profesional.

Cuidando o siendo cuidado, ¿cómo lo hacen?
Quisiéramos remarcar la importancia de la opinión del paciente también en esta situación de cuidado. No nos olvidamos, como verán en el apartado del Autocuidado, del familiar que no debe sobrecargarse, ni olvidarse de él mismo en ciertos momentos. Busque una persona que sea su "confidente", y cuéntele cómo se siente cuando lo crea oportuno, pero no deje escapar esta oportunidad. Si cree que necesitan una atención mayo r consulte a su especialista sobre las terapias individuales o en grupo, que incluso podrían ser con otros afectados por Parkinson para discutir o compartir experiencias... A veces, es necesaria la opinión de un profesional para valorar si el cuidado dado es realmente el correcto. No se trata de que lo estén

haciendo mal, sino que quizá haya otra alternativa para que ciertos cuidados que puedan resultar más costosos no afecten, a la larga, a la salud del cuidador. Siempre hay algo nuevo que aprender. No dejen nunca de informarse.

Autocuidado

Ya hemos comentado que el Parkinson en muchas ocasiones involucra la necesidad de cuidados.

También hemos comentado la importancia de que la familia sea quien se dedique a dar este cuidado para la recuperación del paciente. Sin embargo, no debemos olvidar la importancia del AUTOCUIDADO tanto del paciente como de quien se dedique a cuidar. Un cuidado excesivo del paciente podría limitar su iniciativa y esfuerzo para satisfacer su propio autocuidado.

Queremos decir que hay que cuidar, apoyar y ayudar a su familiar, pero debemos evitar la sobreprotección y no suplirle en lo que él pueda hacer. Y en cuanto al cuidador, hay que cuidar de uno mismo para poder cuidar de los demás. No olviden que el Parkinson afecta tanto al paciente como a la familia que convive con él y por eso el cuidador está en el derecho de reclamar también cuidados. Busquen el apoyo familiar y acepten ayudas.

Cuidadores

El párkinson es una enfermedad crónica, neurodegenerativa e invalidante que actualmente afecta a más de 150.000 personas en España, de las cuales, 1 de cada 5 es menor de 50 años y más del 15% tienen párkinson avanzado.

El hecho de enfrentarse a una patología progresiva, que poco a poco puede ir mermando las capacidades de la persona que la padece, hace que el cuidador adquiera un papel muy importante.

En el caso de la enfermedad de Parkinson (EP) esto se hace más acusado ya que es una patología muy compleja, en la que intervienen un amplio y variado abanico de síntomas, tanto motores (como el dolor, la rigidez o las alteraciones de la marcha) como no motores (como la depresión, el estreñimiento o el exceso de sudoración y salivación).

La tarea del cuidador de una persona con párkinson es complicada no solo por la complejidad de la sintomatología y por el hecho de que ésta vaya cambiando a medida que evoluciona la enfermedad. Sino también por el desconocimiento generalizado que existe en la sociedad entorno a ella.

Todo esto se suma a las dificultades que ya de por sí experimentan los cuidadores debido a la inversión en tiempo y en esfuerzos, tanto de tipo físico como emocionales, que exigen generalmente los cuidados a un familiar.

La formación como herramienta

El cuidador no se convierte en tal justo en el momento del diagnóstico, sino a medida que poco a poco va aceptando y asumiendo toda una serie de competencias y funciones con la progresión de la enfermedad.

Pero ¿cómo pueden asumir su papel cuando se trata de una enfermedad que les resulta desconocida, compleja por la variedad de sus síntomas y por lo mucho que estos pueden cambiar incluso de un día para otro? Una vía con la que podemos contar es la formación.

Un paciente informado y formado aumenta su grado de autonomía en relación la enfermedad y, por extensión mejora su calidad de vida. Esto también ocurre con el cuidador al que le resultará más fácil detectar nuevos síntomas y relacionarlos con la enfermedad cuanto más conozca la enfermedad.

Existen manifestaciones como la depresión o los trastornos del sueño que, si no se conocen, pueden no relacionarse con el párkinson y no mencionarse en la consulta del neurólogo. Estos síntomas dan pistas a los especialistas sobre el diagnóstico definitivo y, a menudo, pueden orientar la intervención terapéutica.

Además de formación en la sintomatología de la enfermedad y en los tratamientos actuales, es especialmente importante la formación en los cuidados. A medida que la enfermedad avanza, los cuidadores necesitan saber con qué pautas, herramientas y recursos pueden contar para mejorar tanto su calidad de vida como la de la persona a la que cuidan.

La importancia de cuidarse

Dependiendo de la fase en la que se encuentre la persona con párkinson, del estado de salud propio o del número y tipo de recursos con los que pueda contar el cuidador, este necesitará invertir más o menos energía física y emocional para hacer frente a su tarea. Por ello es importante que, además de dedicar tiempo al cuidado de la otra persona, el cuidador reserve tiempo para su autocuidado.

La importancia de estar formado también abarca este ámbito, ya que, si el cuidador dispone de información, conoce la enfermedad y los cuidados que debe proporcionar a la persona cuidada, le ayudará a cuidarse a sí mismo y a prevenir determinadas situaciones.

¿Qué puede hacer para evitar la sobrecarga?

Consejos físicos:

- Cuidar la salud del cuidador y acudir con regularidad a su médico.

- Vigilar el descanso.

- Respetar los horarios de comidas y mantener una dieta equilibrada evitando las sustancias excitantes.

- Diseñar un plan de cuidados en el que se prioricen las actividades y se distribuya el tiempo que el cuidador dedica a cada una de ellas.

- Tomar conciencia de sus límites.

- Aprender a decir no antes solicitudes no urgentes.

- Psíquicos y emocionales:

- Mantener una actitud optimista y motivadora para evitar caer en la monotonía.

- Dedicar un tiempo al día para hacer algo que le guste sin que le cree remordimientos.

- Aprender a relajarse y actuar con paciencia ante situaciones que puedan desbordarle.

- Fomentar su autoestima, valorando lo que hacen en el día a día.

- Sociales:

Buscar información y asesoramiento profesional en las asociaciones de párkinson sobre recursos y ayudas sociales. Así como utensilios y productos de apoyo para el cuidado.

Continuar realizando aquellas actividades o aficiones que le gratifiquen, ayudará al cuidador a relajarse y prevenir el aislamiento y la soledad.

Compartir responsabilidades con otros miembros de la familia.

Si los cuidados no le permiten al cuidador salir con frecuencia a la calle, utilizar el teléfono para seguir comunicándose con sus amigos y familiares.

Farmacopea

La levodopa

La levodopa, también conocida como L-DOPA, es el precursor metabólico de la dopamina que se utiliza para el tratamiento de la enfermedad de Parkinson.

La levodopa, después de más de 50 años desde su introducción en la medicina, sigue siendo el fármaco de elección para la enfermedad de Parkinson. Es el

fármaco más potente que existe para esta indicación y reduce incluso la mortalidad asociada a esta población.

La levodopa, también conocida como L-DOPA, es el precursor metabólico de la dopamina que se utiliza para el tratamiento de la enfermedad de Parkinson, asociada a déficit dopaminérgico. Generalmente se utiliza en combinación con otro compuesto: la carbidopa. Está demostrado que la combinación de levodopa y carbidopa mejora la respuesta terapéutica en comparación con levodopa sola, alcanzando mejores concentraciones plasmáticas y más duraderas. Sinemet, por ejemplo, es una marca comercial que combina estos dos compuestos. Existen diferentes presentaciones en función de las combinaciones de dosis y de la forma de liberación en el organismo.

También existen otros compuestos, como la benserazida, con los que se puede combinar la levodopa para mejorar su eficacia. La marca comercial Madopar, por ejemplo, combina levodopa con benserazida.

levodopa

¿Para qué se utiliza la levodopa?

La levodopa se utiliza para reducir los síntomas de la enfermedad de Parkinson. Estos síntomas se deben a la disminución de la dopamina en el cuerpo estriado del cerebro. Así, al aumentar los niveles de este neurotransmisor, logramos una remisión de los síntomas. Los síntomas que se ven más aliviados con este fármaco suelen ser la bradicinesia y la rigidez. También mejora otros como:

- Temblor.

- Disfagia.

- Sialorrea.

- Inestabilidad postural.

La dopamina tiene el control de los mensajes de respuesta que controlan el movimiento muscular en ciertas regiones del cerebro. Por eso, cuando la cantidad de dopamina producida es escasa, existe una dificultad de movimiento.

Mecanismo de acción

La levodopa, como hemos dicho, es el precursor metabólico de la dopamina. Se administra levodopa en lugar de dopamina directamente porque la dopamina no atraviesa la barrera hematoencefálica y no puede llegar a su lugar de acción. Cuando es administrada, la levodopa atraviesa la barrera hematoencefálica por transporte facilitado y, una vez en el cerebro, se convierte en dopamina. Esta transformación es una descarboxilación y tiene lugar gracias a la acción de una enzima llamada dopa descarboxilasa.

La dopamina actúa estimulando directamente los receptores dopaminérgicos tipo 1 y tipo 2. Es liberada al espacio sináptico y posteriormente es recaptada por la neurona dopaminérgica a través del transportador de dopamina (DAT) y realmacenada para su liberación.

La levodopa suele administrarse siempre con un inhibidor de la enzimadopa descarboxilasa de acción periférica. Estos compuestos evitan la transformación de levodopa a dopamina en los tejidos extra cerebrales. Así, aseguramos que llega al cerebro una proporción más alta.

Además, reducen la dosis que necesitamos de levodopa y, así, se reducen también los efectos secundarios gastrointestinales y cardiovasculares. Si no se produce tanta dopamina en tejidos extra cerebrales, no se producirán tampoco tantos efectos secundarios en esas zonas.

Algunos ejemplos de inhibidores de la enzima dopan descarboxilasa son, como hemos dicho, carbidopa y benserazida. Otro fármaco que se utiliza en combinación con levodopa es entacapona. Entacapona es un inhibidor de la catecol-O-metil-transferasa, que es la enzima que transforma la levodopa en un metabolito nocivo. Por tanto, su combinación potencia y prolonga la respuesta clínica a la levodopa.

Efectos secundarios

Las reacciones adversas más frecuentes en el tratamiento con levodopa son debidas a la actividad central de la dopamina en el cerebro. El médico será el que ajuste la dosis que necesite cada paciente; el objetivo será conseguir la máxima eficacia terapéutica y, a la vez, disminuir, en lo posible, los efectos secundarios.

Los efectos adversos más frecuentes son discinesias y náuseas. Las discinesias son movimientos involuntarios; se pueden dar movimientos coreiformes, distónicos y otros. Cuando se producen sacudidas musculares y blefaroespasmo, se debe considerar el ajuste de la dosis. Otras reacciones adversas que pueden producirse son, por ejemplo:

• Melanoma maligno.

• Trastornos de la sangre y del sistema linfático.

• Aumento o pérdida de peso.

• Trastornos psiquiátricos.

• Cefalea.

• Somnolencia.

• Visión borrosa.

• Palpitaciones.

• Alteración del ritmo respiratorio.

• Náuseas y vómitos.

• Debilidad y fatiga.

• Molestias digestivas.

• Síndrome neuroléptico maligno.

En conclusión, el tratamiento de cada paciente debe ser individualizado y adaptado a la etapa de la enfermedad, las condiciones médicas y sociales asociadas.

Se debe considerar la ayuda del tratamiento no farmacológico para estos pacientes a través de neuroestimulación, educación, psicoterapia, fisioterapia, etc.

Terapias rehabilitadoras

Para las familias es muy importante el sentirse acompañados y formados. Hay que estar con ellos, apoyándolos, y tienes que adaptarte a la nueva situación, pero no hay que olvidar que los que lo pasan peor son ellos, que son los que tienen la enfermedad.

Y después, están las terapias rehabilitadoras. Es fundamental llevar un tratamiento integral de fisioterapia, logopedia, terapia ocupacional etc., porque, además, detrás de la enfermedad, puede haber ansiedad, depresión, dificultad de sueño, dolor o deterioro cognitivo.

Este último, es muy diferente al Alzheimer, es decir en el Parkinson se tiene la información, pero a veces, cuesta recuperarla, pero si se dan las pistas adecuadas el paciente puede recuperarlo. En este sentido, tienen dificultad para planificarse y tomar decisiones. Por ello, también se deben trabajar en todas las áreas desde las diferentes disciplinas (fisioterapia, logopedia, psicología etc.) siendo el objetivo el de aumentar la calidad de vida del paciente.

Lo fundamental es "primero acudir al médico y que él te guie en el tratamiento (hay que seguir a la perfección el tratamiento farmacológico) y después, realizar las diferentes terapias rehabilitadoras que existen, adaptadas siempre a cada caso.

Se puede hacer frente al Parkinson y plantarle cara.

El estudio PASADENA

30 de abril de 2020

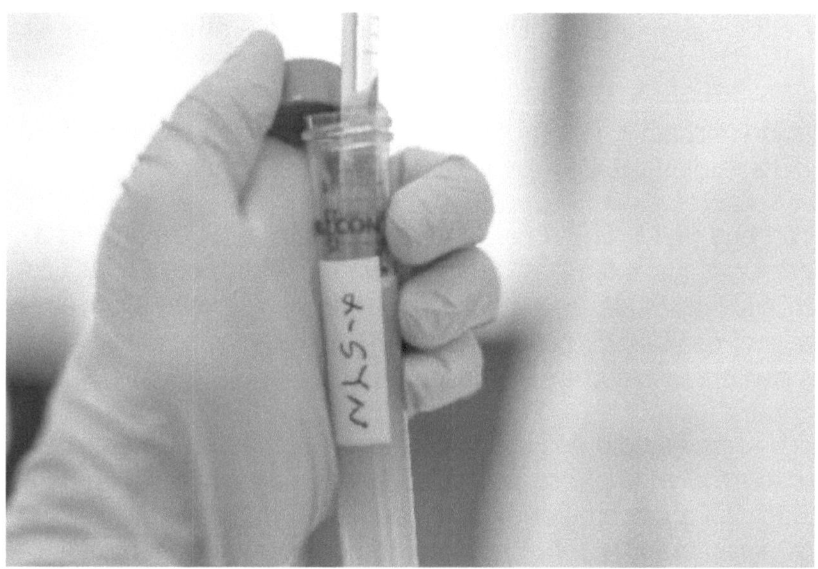

El 22 de abril de 2020, la compañía farmacéutica Roche anunció los resultados de la primera parte del estudio PASADENA, un ensayo clínico de fase II (estudio humano) de su posible tratamiento de Parkinson prasinezumab. Esta terapia, que los investigadores llaman un anticuerpo monoclonal, es una de las muchas dirigidas a la proteína alfa-sinucleína. La alfa-sinucleína es objeto de gran interés por los investigadores de Parkinson y la comunidad de pacientes, porque forma grumos en el cerebro que se sospecha que son tóxicos y dan lugar a la enfermedad de Parkinson. Por lo tanto, las terapias que se dirigen a estas formas tóxicas de alfa-sinucleína podrían proteger las células cerebrales y la progresión lenta de la enfermedad de Parkinson.

Aunque PASADENA no cumplió con su objetivo principal, mostró signos de proporcionar beneficios a los participantes del estudio en múltiples pruebas que formaban parte del estudio. Sobre la base de esas señales positivas, Roche está evaluando los datos y explorando los próximos pasos para prasinezumab.

Prasinezumab se está desarrollando a través de una colaboración entre Roche y Prothena. Para comprender mejor estos resultados y lo que nos depara el futuro de esta terapia potencial, hablamos con el Dr. Hanno Svoboda, Jefe del Proyecto para prasinezumab en Hoffmann La Roche, y el Dr. Wagner Zago, Director Científico de Prothena, sobre el estudio.

La Fundación Michael J. Fox (MJFF): ¿Puede darnos una breve visión general del estudio PASADENA y la terapia que está probando?

Roche/Prothena (R/P): En primer lugar, nos gustaría dar las gracias a las 316 personas y sus familias que participan en el estudio PASADENA y también a los investigadores. Su contribución nos permite avanzar en la ciencia que, con suerte, conducirá a mejores terapias para las personas con enfermedad de Parkinson.

PASADENA es un estudio de Fase II de prasinezumab, un tratamiento que se está estudiando por su potencial para frenar la progresión de la enfermedad de Parkinson. Los estudios de fase II suelen estar diseñados para aprender sobre la seguridad de un medicamento y para estimar su beneficio potencial. Los estudios de fase II prueban nuevos medicamentos en menos personas con Parkinson antes de que se inicien estudios de fase III más grandes para confirmar en última instancia la seguridad y eficacia que se requiere antes de que se pueda aprobar una nueva terapia. Prasinezumab es un anticuerpo que se dirige preferentemente a las formas tóxicas de alfa-sinucleína que se cree que están asociadas con la aparición y progresión de la enfermedad de Parkinson.

MJFF: El punto final principal —o la medida predeterminada del éxito en el ensayo— fue un cambio durante un año en las Partes I, II y III combinadas de la Puntuación Total de la Sociedad del Trastorno del Movimiento-Escala unificada de la clasificación de la enfermedad de Parkinson (MDS-UPDRS), que mide los síntomas de movimiento y no movimiento. ¿Qué encontró el estudio?

R/P: El estudio PASADENA fue diseñado para la detección de señales potenciales de eficacia. Si bien el estudio no alcanzó el nivel preespecificado de significancia estadística para la variable primaria, sí mostró señales de eficacia en múltiples variables clínicas secundarias y exploratorias preespecificadas, medidas predeterminadas que también se incluyeron para evaluar la eficacia como parte del estudio. El estudio también demostró que prasinezumab era generalmente bien tolerado. En este momento, continuamos evaluando los datos para determinar los posibles pasos siguientes, incluyendo estudios clínicos adicionales. También planeamos presentar los datos en una conferencia médica.

MJFF: Todavía se está llevando a cabo una ampliación del estudio de Pasadena durante un año. ¿Qué datos proporcionan ahora los participantes?

R/P: En la segunda parte del estudio, los pacientes del brazo placebo del estudio están recibiendo prasinezumab. Esta parte del estudio está diseñada para darnos más información sobre la seguridad y eficacia a largo plazo de prasinezumab.

MJFF: Según los resultados hasta la fecha, ¿qué próximos pasos está considerando para prasinezumab?

R/P: Prasinezumab se está desarrollando para retrasar la progresión de la enfermedad de Parkinson. Actualmente no hay tratamientos que se dirijan a la causa subyacente de la enfermedad y puedan retrasar o detener la progresión de la enfermedad. El desarrollo de nuevos tipos de medicamentos requiere la implementación de nuevos enfoques y aportaciones de expertos con una variedad de perspectivas científicas y médicas. Como parte de nuestra planificación de desarrollo clínico en curso, estamos hablando con múltiples partes interesadas sobre lo que hemos aprendido de PASADENA y cómo estos datos informan y apoyan nuestros próximos pasos.

MJFF: ¿Qué les diría a los pacientes y familias que han estado siguiendo este estudio con interés? ¿Eres optimista sobre el futuro de las terapias de alfa-sinucleína para la enfermedad de Parkinson?

R/P: Basándonos en años de investigación científica en torno a la alfa-sinucleína y la evidencia combinada de estudios en animales, pistas genéticas y estudios clínicos tempranos en humanos, incluido el estudio PASADENA, seguimos siendo optimistas sobre el potencial de terapias dirigidas a alfa-sinucleína para proporcionar una diferencia significativa en las vidas de las personas que viven con la enfermedad de Parkinson y sus cuidadores. Tanto Roche como Prothena siguen enfocados y dedicados al avance de los tratamientos que tienen el potencial de alcanzar este objetivo y esperamos compartir más información sobre prasinezumab lo antes posible.

Prothena Alpha-synuclein Anticuerpo completa la fase I y se prepara para el siguiente paso

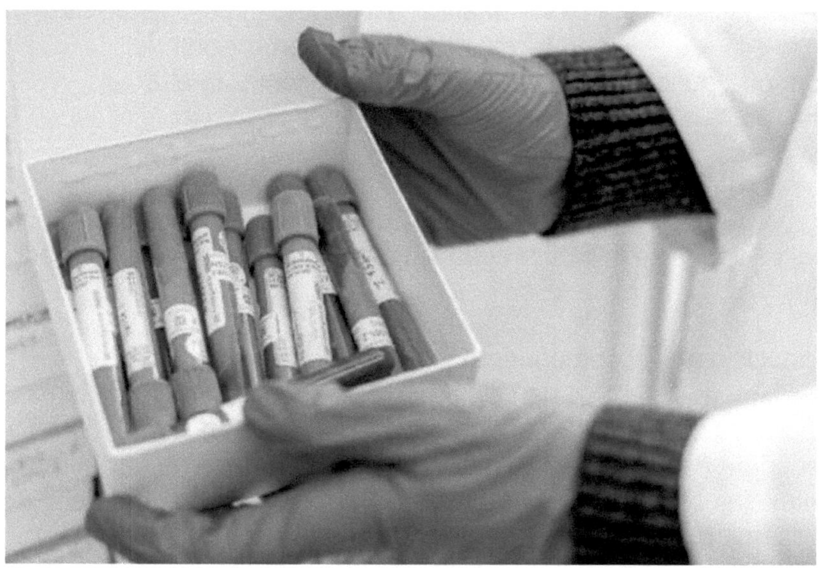

Los proyectos terapéuticos contra la proteína de destino superior alfa-sinucleína continúan avanzando a través de pruebas clínicas y más cerca de las manos del paciente. Ayer la empresa de biotecnología Prothena   anunció los resultados de su ensayo Phase Ib de PRX002, un anticuerpo bajo investigación como tratamiento para frenar o detener la progresión de la enfermedad de Parkinson.

El ensayo demostró que la terapia es segura y tolerable, el objetivo principal del estudio. Prothena anunció, también, que la droga entra en el sistema nervioso central bien y reduce los niveles de alfa-sinucleína en suero sanguíneo. PRX002 es el foco de una colaboración entre Prothena y la compañía farmacéutica Roche.

"Estos datos de Fase Ib respaldan aún más nuestra creencia de que podemos elegir dosis que apuntan y saturan la alfa-sinucleína patógena agregada en el cerebro para un estudio de Fase II para explorar más a fondo el potencial de PRX002 como un tratamiento modificador de la enfermedad de Parkinson. Junto con Roche, esperamos iniciar un estudio de Fase II en 2017", dijo Gene Kinney, PhD, presidente y CEO de Prothena.

La Fundación Michael J. Fox no financió este estudio, pero estamos trabajando con Prothena en formas de medir la progresión del Parkinson, que puede ayudar a probar terapias contra la alfa-sinucleína.

Lea más sobre el estudio y los resultados de Prothena en el comunicado de prensa de la compañía. Compartiremos más en el futuro sobre dónde se llevará a cabo la Fase II y quién es elegible para participar.

La alfa-sinucleína es el componente principal de los grupos de proteínas llamados cuerpos de Lewy que los científicos creen que son tóxicos para las células y causan los síntomas y la progresión de la enfermedad de Parkinson. La introducción de un anticuerpo anti-alfa-sinucleína -- los combatientes naturales del sistema inmunitario del cuerpo- es una forma en que los investigadores tienen como objetivo detener la propagación de los cuerpos de Lewy y la enfermedad lenta.

Los últimos ensayos contra la proteína de Parkinson superior alfa-sinucleína

17 de julio de 2018

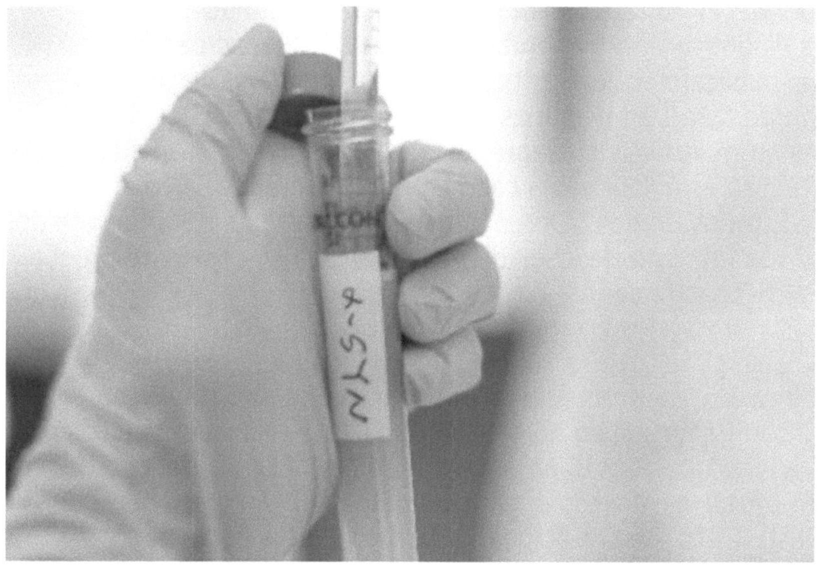

Uno de los enfoques más prometedores para detener el Parkinson es apuntar a la proteína pícara alfa-sinucleína. Seis ensayos clínicos son terapias de prueba con este objetivo.

En el Parkinson, la alfa-sinucleína se agrupa para formar agregados llamados cuerpos de Lewy, que los científicos creen que son tóxicos y conducen a los síntomas de la enfermedad y la progresión. Si los investigadores pueden evitar que la proteína se agrupe en los cuerpos de Lewy, eliminarlos o detener su propagación de célula en célula, pueden detener la enfermedad de Parkinson (PD).

La Fundación Michael J. Fox ha ayudado a avanzar en el desarrollo de terapias con ese objetivo, financiando directamente algunos de los seis proyectos ahora en pruebas humanas y proporcionando recursos para ayudar a diseñar a otros. Aquí compartimos las últimas actualizaciones del campo de los ensayos clínicos de alfa-sinucleína.

Presentación de anticuerpos contra Alpha-Synuclein

Una forma en que los científicos persiguen a la alfa-sinucleína es con los anticuerpos: los combatientes del sistema inmunitario del cuerpo. La empresa biotecnológica Prothena se asocia con Roche para probar su anticuerpo (PRX002/RO7046015) contra la alfa-sinucleína en personas diagnosticadas recientemente con DP. El mes pasado, científicos publicaron que el anticuerpo de las empresas era seguro en un ensayo de fase I en personas con DP y niveles reducidos de alfa-sinucleína en muestras de sangre. El ensayo de Fase II (llamado PASADENA) se está llevando a cabo en Austria, Francia, Alemania, España y Estados Unidos. Obtenga más información en el sitio web del estudio y vea una lista de sitios de reclutamiento en el sitio de prueba de MJFF Fox Trial Finder.

Biogen también está probando un anticuerpo anti-alfa-sinucleína en personas con Parkinson en un ensayo de Fase II (llamado estudio SPARK). La inscripción está en espera durante un breve período de tiempo mientras la empresa analiza los datos de la primera parte del ensayo. Este hiato fue pre-planeado para evaluar la seguridad y entender cómo funcionan diferentes dosis en el cuerpo. Manténgase atento a nuestro blog para saber cuándo el ensayo de Biogen está aceptando nuevos participantes, y aprender más sobre sus criterios de elegibilidad en el sitio web del estudio. También puede conectarse con su sitio de estudio local en Fox Trial Finder.

AstraZeneca y Takeda están pruebando juntos un anticuerpo alfa-sinucleína en voluntarios de control en un solo sitio en Dallas, Texas. Obtenga más información y obtenga información de contacto para el equipo de prueba.

Aprovechar el poder del sistema inmune para proteger a las células

AfFiRiS biotecnológico austriaco encontró que su vacuna, que lleva al cuerpo a producir anticuerpos de alfa-sinucleína (como la vacuna contra la gripe contra la gripe), era segura y tolerable en una serie de ensayos de Fase I financiados por MJFF. Los estudios probaron seis dosis durante cuatro años, y los científicos vieron una respuesta inmune. "Las puntuaciones clínicas de la DP fueron estables durante todo el período de estudio, sin embargo, el estudio no fue diseñado y no fue alimentado para evaluar la eficacia clínica", escribió la compañía en un comunicado de prensa. AFFiRiS está planeando un ensayo de fase II para investigar la eficacia de la vacuna.

Prevención de grumos de proteínas tóxicas

MJFF-grantee Neuropore se asoció con la compañía farmacéutica UCB para desarrollar el compuesto NPT200-11/ UCB0599, que se une a la alfa-sinucleína y bloquea su acumulación. UCB está planeando ahora un estudio de Fase Ib para buscar seguridad y tolerabilidad tanto en los voluntarios de control como en las personas con Parkinson en un único sitio de estudio en Europa.

Proclara (anteriormente Neurophage) está desarrollando NPT088, que puede unirse a proteínas como alfa-sinucleína, amiloide-beta y tau. (Estos dos últimos están implicados en la enfermedad de Alzheimer y la demencia frontotemporal.) La financiación del MJFF ayudó a mostrar que NPT088 reduce la agregación de proteínas en un modelo de DP. Proclara está llevando a cabo un ensayo de fase I en personas con Alzheimer porque hay una herramienta para visualizar la proteína amiloide-beta en el cerebro, que ayudará a evaluar qué tan bien funciona NPT088. MJFF ha priorizado el desarrollo de un agente de imágenes similar para la alfa-sinucleína. Si ese estudio es exitoso, Proclara probará NPT088 en personas con Parkinson.

Estas seis terapias están avanzando y aún más están cerca de sus talones y preparándose para las pruebas en voluntarios humanos.